COLLECTION
DE
M. LE COMTE D'ESPAGNAC

TABLEAUX
ANCIENS

MARBRES PRÉCIEUX

VENTE
Le Vendredi 8 Mai 1868

EXPOSITIONS :

Particulière : *Le Mercredi 6 Mai 1868*
Publique : *Le Jeudi 7 Mai 1868*

Mᵉ CHARLES PILLET,
COMMISSAIRE-PRISEUR.

M. HARO,
PEINTRE-EXPERT.

1868

TABLEAUX ANCIENS

MARBRES PRÉCIEUX

CE CATALOGUE SE DISTRIBUE

A PARIS CHEZ

Mᵉ CHARLES PILLET	**M. HARO, peintre-expert**
COMMISSAIRE-PRISEUR	CHEVALIER DE LA LÉGION D'HONNEUR
10, rue Grange-Batelière.	14, rue Visconti, et rue Bonaparte, 20.

A *Londres,*	H. Durlacher, 113, New Bond street.
—	Goupil et Cᵉ, Southampton street Strand, 17
A *Bruxelles,*	Etienne Leroy, place du Grand-Sablon, 33.
A *Amsterdam,*	Roos, in het Huis der Hoofden.
A *Rotterdam,*	A. Lamme, conservateur du Musée.
A *Cologne,*	Heberlé, marchand d'antiquités.
A *Berlin,*	Lepke, Unter den Linden, 12.
A *Dresde,*	Arnold, marchand d'estampes.
A *Francfort-s.-Mein,*	A. Baer, place Schiller, 3.
A *Munich,*	Meillinger, marchand de tableaux.
A *Vienne,*	Maison Goupil, représentant M. Kaeser.
A *Saint-Pétersbourg,*	Negri père et fils.

CONDITIONS DE LA VENTE

Elle sera faite au comptant.

Les adjudicataires payeront *cinq pour cent* en sus des enchères.

CATALOGUE

DES

TABLEAUX ANCIENS

DES ÉCOLES

Italienne, Flamande et Hollandaise

DÉPENDANT DE LA

Collection de M. le Comte d'ESPAGNAC

———

MARBRES PRÉCIEUX

DONT LA VENTE AURA LIEU

HOTEL DROUOT, Salle N° 8

Le Vendredi 8 Mai 1868

A DEUX HEURES.

EXPOSITIONS
{
PARTICULIÈRE : le Mercredi 6 Mai 1868,
PUBLIQUE : le Jeudi 7 Mai 1868,
}

DE UNE HEURE A CINQ HEURES.

———

Mᵉ CHARLES PILLET | **M. HARO, peintre-expert**
COMMISSAIRE-PRISEUR | CHEVALIER DE LA LÉGION D'HONNEUR
rue Grange-Batelière, 10. | rue Visconti, 14.

Jamais le goût des arts n'a été plus développé qu'aujour-
d'hui. Les toiles des maîtres anciens et modernes sont
disputées aux feux des enchères avec un acharnement qui
ne recule devant aucun sacrifice, et l'on est étonné des prix
qu'atteignent les chefs-d'œuvre, si un chef-d'œuvre pou-
vait être trop chèrement payé. Les gens du monde ont
compris que le plus noble luxe était celui du beau et que
c'est encore le moins ruineux. Un spirituel mahométan
disait, après la vente de sa collection, que tout, à Paris, l'a-
vait trompé : les amis, les femmes, le jeu, les courses, tout,
excepté les tableaux ; mais il faut apporter au choix beaucoup de tact, beaucoup de goût et d'expérience ; il faut savoir
prendre dans chaque école ce qu'elle a de supérieur, de
véritablement beau, d'authentiquement pur, ne pas se
laisser influencer par la mode du jour, et deviner les revire-
ments du goût. Naguère, sous l'influence des doctrines de

David et de ses imitateurs, les Watteau, les Boucher, les Greuze, les Chardin, les Fragonard, injustement méprisés, se vendaient ou plutôt se donnaient pour des sommes dérisoires. Aujourd'hui, et avec raison, on les couvre de billets de banque, car ce sont des maîtres gracieux, spirituels, charmants et, malgré leur apparence frivole, d'une originalité profonde ; tout leur appartient : leur goût, leur style, leur dessin, leur couleur et leur touche. Ils sont intimement français. Louis XIV, devant les Téniers, disait : « Otez de là ces magots, » d'un air royalement dédaigneux ; et l'on sait avec quelle passion maintenant on recherche ces magots, passion peut-être trop vive quoique bien justifiée, qui rend certains amateurs moins sensibles au grand art italien, si élevé, si noble, si rapproché de l'idéal et qui restera toujours, après l'art grec, la plus sublime expression du génie humain.

Dans le catalogue de la galerie que précèdent ces lignes, parmi les flamands, les espagnols, les français, on remarque de grands noms italiens, et c'est avec plaisir que nous les y voyons. Tout cabinet auquel ils manquent, fût-il peuplé des toiles les plus précieuses, des panneaux les plus délicatement finis des peintres de Flandre et de Hollande, ne présentera qu'une idée incomplète de l'art ; la beauté suprême en sera absente.

Le joyau de cette collection est un *ex-voto* de Giorgion, ce coloriste d'un ton si chaud, si riche, si intense, que le Titien en fut jaloux et ne l'a pas dépassé. Dans ce cadre, qui n'a guère que les dimensions d'un tableau de chevalet, l'artiste a représenté la Vierge ayant sur les genoux l'enfant Jésus qui, le sourire sur les lèvres, tend sa main mignonne au donataire pieusement incliné devant lui et accompagné de sa fille. Sujet bien souvent traité, mais toujours neuf sous le pinceau d'un grand maître. Jamais la palette de Venise n'eut des teintes plus ardentes et plus fraîches. Un clair-obscur réchauffé d'ambre et de pourpre, comme s'il reflétait le soleil couchant, baigne les chairs, modelées avec une suavité et une *vaghezza* qui étonnent quand on pense que Giorgion était élève de J. Bellin, le maître naïf et pur dont les contours gardent encore quelque chose de la sécheresse gothique. La scène se passe dans un paysage aux tons bleuâtres et verdissants, qui fait admirablement valoir les carnations. La Vierge a déjà ce type de beauté robuste qu'on retrouvera plus tard amplement développé dans l'*Assomption* du Titien. Elle n'a rien gardé des vierges souffreteuses du moyen âge, et ses draperies s'arrangent avec la plus noble largeur. L'enfant Jésus est charmant, et le donataire, sous le déguisement de son saint patronymique, a la fierté d'un Magnifique de Venise. Le hâle fauve de Giorgion met comme un vernis de soleil à cette peinture de l'exécution la plus tendre et la plus *floue*, qui reste ferme en étant suave.

Vénus irritée contre l'Amour, de Paul Véronèse, pourrait se prendre au premier coup d'œil pour une belle dame vénitienne grondant son fils. Le peintre des *quatre grands Festins* ne se piquait pas d'une couleur locale bien exacte, et il travestissait volontiers la mythologie et l'histoire à la mode de son temps; non pas qu'il l'ignorât, mais il préférait représenter ce qu'il avait sous les yeux en le revêtant de la noble forme et du beau coloris qui le distinguent. Ainsi, bien que cette Vénus ne ressemble guère à l'Aphrodite grecque née de l'écume marine, elle n'en est pas moins une superbe femme aux opulents cheveux roux, à la figure charmante, aux bras d'une robustesse délicate, habillée de soie et de brocart sur un patron qu'on retrouverait dans le recueil de costumes de Vecellio. Son type rappelle, un peu idéalisé, celui de la femme de Paul Véronèse qu'il a placée dans le tableau des *Pèlerins d'Emmaüs*. L'Amour, moitié souriant, qui semble demander grâce avec une arrière-pensée mutine, pourrait bien avoir eu pour modèle un des enfants du peintre, qu'il aimait à faire jouer dans ses compositions avec quelque chien favori. Il est si joli qu'il n'y avait pas grand'chose à faire pour le métamorphoser en Amour. Cette toile, de la couleur argentée et blonde particulière à Paul Véronèse, est de la plus parfaite conservation, et le temps n'en a altéré en rien l'harmonie.

Signalons aussi un beau portrait d'homme du même maître.

Le portrait du doge *Andrea Gritti*, de Titien, grandeur demi-nature, est à la fois une belle chose et une chose curieuse. Gritti a son costume de cérémonie, comme s'il allait, du haut du Bucentaure, épouser l'Adriatique ; il porte la simarre en toile d'or et la corne dogale sortant d'un cercle de pierreries, ce qui, joint à son teint hâlé et comme brûlé par le feu des passions politiques, lui donne un air de ressemblance avec certaines idoles d'Asie. L'éclat fauve des ors et le scintillement des pierres sont rendus avec une merveilleuse intensité de couleur.

Sous ce titre un peu cherché : *les Charmes et les Satiétés de l'Amour*, Corrége a peint de son pinceau moelleux, fondu, qui semble dégager les corps de l'ombre et les

amener à la lumière, deux beaux enfants nus, une fillette
et un jeune garçon, dont l'un semble entraîner l'autre qui
le suit comme à regret et voudrait bien retourner en ar-
rière. La première est fraîche, souriante, comme illuminée
d'illusions d'espérances ; elle tient un bouquet de roses.
Le second, pâle, défait, la bouche arquée par une moue
dédaigneuse, exprime l'ennui et le désenchantement; il
secoue une touffe de pavots. Peut-être tout cela est-il
bien ingénieux et faut-il n'y voir que deux enfants,
l'un joyeux, l'autre boudeur, dont le contraste suffit pour
former un délicieux tableau. On sait avec quelle grâce,
quelle séduction et quel charme Corrége savait peindre
l'enfance, cet âge si difficile à rendre avec ses formes indé-
cises, ses rondeurs, ses mollesses, ses plis de chair, ses
fossettes, ses joues rebondies, ses grands yeux étonnés et
ses cheveux follets dont les petites boucles frisent dans la
lumière. Les enfants Jésus, les anges, les petits génies, les
amours, les bambins sont toujours caressés par Corrége de
de sa touche la plus suave et la plus tendre, et dans cette
jolie composition se retrouvent toutes les qualités du grand
maître de Parme.

Cesare da Sesto figure dans cette collection avec un
groupe de deux enfants, comme Corrége. Ce sont les fils du
Cygne et de Léda, *Castor et Pollux*, sortis de l'œuf ma-
ternel chacun avec une sœur : Castor avec Hélène, Pollux
avec Clytemnestre. Ici le dessin est plus arrêté et rappelle
la manière de Léonard de Vinci, seulement le coloris est
plus clair et le modelé obtenu par des demi-teintes moins
rembrunies. On ne saurait trop louer la grâce délicate de
ces enfants divins. Bernazzano, collaborateur du peintre,

leur a donné pour fond un agréable paysage égayé de fleu-
rettes et d'oiseaux.

La *Visite de la Vierge et de l'enfant Jésus à sainte Eli-
sabeth* du Parmeginiano est un tableau de petite dimension, mais de grande valeur, à nos yeux du moins. Ce
maître charmant, espèce de Marivaux du Corrége, qui raf-
fine la grâce, allonge l'élégance, donne de l'esprit au
charme, nous a toujours beaucoup séduit. On sent bien
qu'il outrepasse un peu l'agrément et tombe dans la
manière, mais il est si fin, si svelte, si distingué, si aristo-
cratique qu'on lui pardonne. Quand il plaît, il ne plaît pas
médiocrement.

Primatice, le décorateur de Fontainebleau, le dessina-
teur aux longues tournures florentines, est aussi, dans son
genre, un maniériste de grand talent. Il est représenté,
dans la collection, par un portrait en pied de *Diane de Poi-
tiers*, l'idéal de la Renaissance, que le marbre de Jean
Goujon a divinisé sous le transparent symbole de l'antique
chasseresse. Ici Diane a renoncé à son croissant et se présente sous l'aspect et les attributs de Flore. Des amours et
de petits génies lui offrent des fleurs. La scène a pour fond
le portique du château d'Anet.

Mentionnons encore, pour en finir avec l'école italienne,
la *Vierge et l'enfant Jésus* de Francia, la *Femme adultère*
de Sébastien del Piombo, un beau portrait d'homme du
Pontorme, et la *Parabole du diable semant de l'ivraie* pendant le sommeil des travailleurs, morceau d'un tel mérite
que Géricault en a fait une superbe copie qui se trouve
dans la même galerie à côté de l'original, après avoir long-
temps appartenu à Eugène Delacroix.

Mais il n'y a pas que des Italiens dans cette galerie. Voici un magnifique portrait en pied de Philippe de Champagne, représentant *Armand Duplessis*, duc de Richelieu, cardinal-ministre. Le cardinal se tient debout, décoré de ses ordres, avec sa robe rouge et son rochet de dentelles, au milieu d'un riche fond d'architecture. Sa physionomie hautaine et fine, son œil perçant, sa moustache de chat retroussée au-dessus de la lèvre, sa royale mêlée de poils gris, ses tempes qui s'argentent rappellent les traits bien connus du ministre de Louis XIII, mais avec une intensité de vie, une affirmation de vérité, et comme on dirait aujourd'hui, un réalisme bien rare dans les portraits de grands personnages, dont on reproduit plutôt le type officiel que l'expression intime. On dirait que le cardinal a donné au peintre de nombreuses séances. Les mains maigres, blanches et veinées, sont vivantes et pour ainsi dire personnelles. On sent qu'elles n'ont pas été faites de pratique ou d'après un modèle vulgaire, comme cela a lieu trop souvent.

De Philippe de Champagne, nous passons à Murillo, dont nous avons à signaler un petit chef-d'œuvre : *Saint Thomas de Villa-Nueva distribuant des aumônes*, esquisse terminée, ou, pour parler plus juste, tableau parfait, d'une couleur à la fois vigoureuse et fraîche, et d'un spiritualisme réaliste que seul posséda le grand peintre espagnol. Le saint, animé d'une ferveur céleste, répand sa charité sur des mendiants, des malades, des infirmes, des nécessiteux qui se pressent familièrement autour de lui, sûrs qu'aucun d'eux ne sera rebuté, quelque hideux que soit son ulcère, quelque sordide que soit son haillon. Thomas de Villa-Nueva, debout sur un perron, domine ce groupe fourmillant, et la composition pyramide d'une façon pittoresque. Tous les voyageurs admirent à Séville le grand tableau dont celui-ci est la première pensée ou plutôt la réduction.

Si Claude Lorrain est le peintre ordinaire du soleil, Van der Neer est celui de la lune ; la nuit lui appartient, il y règne en maître, elle n'a pas d'ombre ni de mystère qu'il ne sache pénétrer. N'est-ce pas une chose singulière que la nuit dans laquelle notre globe baigne pendant tant d'heures, ait été si rarement reproduite ? Elle a pourtant ses beautés, ses effets pittoresques, ses magies et ses séductions. On connaît bien des tableaux de Van der Neer, mais il en est peu qu'on puisse comparer pour l'importance, la vérité et la perfection à celui de la collection de M. le comte d'Espagnac. Dans un cadre beaucoup plus vaste que ceux où il se renferme habituellement, l'artiste a représenté, avec un art merveilleux, un site de Hollande, le bord d'un canal ou d'un étang : de grands arbres montent dans l'air brun de la nuit, découpant leurs feuillages sombres et leurs rameaux noirs sur un ciel où, parmi de grands bancs de nuages, dans une trouée de bleu profond, s'arrondit une large lune jetant ses pâles reflets sur les vapeurs, les feuillages et les eaux qu'elle écaille çà et là de paillettes d'argent ; des oiseaux aquatiques sillonnent le miroir sombre de l'étang, et semblent vouloir gagner l'autre rive. On ne saurait trop louer l'art avec lequel le peintre a exprimé la fraîcheur, le calme et le repos de la nuit, et comme il a su conserver les rapports de valeur entre les objets dépouillés de leur coloration par l'absence de lumière ; une vague clarté grisâtre circule entre les masses et leur donne leur perspective. En regardant ce tableau le vers de Virgile,

.....per amica silentia lunæ,

vous revient en mémoire. Un tel chef-d'œuvre est digne d'un musée ou d'une galerie princière. La Hollande, certes, dans ses précieux cabinets ne contient pas de Van der Néer plus parfait.

Un autre beau tableau qu'il serait regrettable de passer sous silence, c'est un paysage de Jean Looten, qu'on a peine à ne pas baptiser Hobbema, tant les arbres y sont dessinés avec vigueur et découpent hardiment leur feuillage détaillé et troué de lumière sur un fond de ciel clair et sur un lointain vaporeux qui se perd à l'horizon. De spirituelles figures de cavaliers et de chasseurs animent cette entrée de forêt, où miroitent des flaques d'eau qui mettent de la clarté dans les tons sombres des premiers plans.

Rubens est admirablement représenté dans cette collection par une superbe esquisse de son grand tableau du *Martyre de saint Lievens*. On connaît cette composition si pleine de mouvement, de furie et de férocité : des satellites à formes herculéennes maintiennent dans une pose demi-renversée le saint à qui des bourreaux arrachent la langue avec des tenailles. Le grand peintre d'Anvers n'a pas reculé devant ces détails atroces du supplice ; mais sa couleur splendide en voile l'horreur ; la vie éclate dans cette scène de mort avec une force, une exubérance et un luxe qui font tout oublier. Tout vibre, tout palpite, les lignes remuent, les couleurs flamboient, et l'on croirait voir la scène à travers le léger tremblement de l'atmosphère. Cette esquisse peinte d'une main hardie, dans la hâte fiévreuse du premier jet, avec des couleurs étendues d'huile et transparentes comme les préparations de Rubens, laisse en plusieurs endroits deviner sous ses couches légères le dessin du sujet.

indiqué au crayon, puis repris à la plume. Des touches de pâte lumineuse, posées avec la certitude souveraine du grand maître, produisent un effet auquel le fini le plus extrême ne pourrait rien ajouter. La pensée de l'artiste est là tout entière.

Citons encore un portrait, vu jusqu'aux genoux, d'Erasme, le sage auteur de l'*Éloge de la Folie*, par Hans Holbein, peint avec cette religion de la vérité et cette science profonde qui se cache sous l'apparence d'un faire minutieux et naïf qui atteint l'effet sans le chercher, et pénètre, à travers l'homme extérieur, l'âme même du personnage. Quand on voit un portrait d'Holbein, il semble qu'on en ait connu le modèle, tant l'artiste sait y imprimer une inoubliable personnalité.

Mentionnons aussi un *Saint Bruno* d'Eustache Lesueur, le Zurbaran des Chartreux. Le saint se livre à la prière avec une ferveur et une onction que l'âme religieuse de Lesueur était seule capable de rendre si profondément; pendant que le saint implore les grâces du Ciel, une procession de moines au froc blanc défile dans le paysage et cherche dans cet âpre site l'endroit où doit se fonder la Chartreuse.

Une toile bien curieuse, c'est le portrait de Lantara par Chardin. On sait que Lantara, ce charmant et naïf paysagiste, qui savait si bien peindre les vues des environs de Paris, les bords de la Marne, les petits coteaux boisés, les étangs avec leurs légères brumes, et toute cette nature familière et modérée, comme dirait Sainte-Beuve, des environs de la grande ville, avait un goût très-prononcé pour la dive bouteille et ne dédaignait pas le petit vin que les cabarets de banlieue versent dans leurs verres à côtes. Chardin l'a représenté de grandeur naturelle dans son habit de droguet, goûtant d'un vin qui lui fait faire la grimace ; son expérience de buveur lui dit que ce nectar un peu louche ne sera pas de garde. Rien de plus franc, de plus jovial et de plus vivant. Chardin, parmi l'art si joliment maniéré du xviiie siècle, avait su rester naturel, un peu rustique même, à la façon des bons Flamands. L'enthousiasme de Diderot pour ce peintre si simple et si vrai, qui dut paraître excessif aux admirateurs de Boucher, de Fragonard et de tous les petits maîtres français à la mode alors, nous semble aujourd'hui tout naturel, et les moindres morceaux de sa main se recherchent avec amour.

La Famille malheureuse de Prudhon est une note rare dans l'œuvre du peintre qui traita de préférence les sujets de grâce et de volupté, répandant sur les marbres antiques le clair-obsur de Corrége. Ici il peint dans toute sa nudité une pauvre mansarde où le chef de la famille malheureuse, entouré de ses enfants en pleurs, expire dans un mauvais fauteuil, les genoux entouré d'un lambeau de couverture. Cette œuvre de mélancolie et de tristesse fut une des dernières productions du peintre, qui peu de temps après termina par le suicide une vie désormais insupportable, sans avoir eu le pressentiment de la gloire posthume qui vint argenter sa tombe comme un rayon de lune.

Recommandons aussi une très-belle esquisse de la *Vengeance divine*.

C'est un charmant tableau que le *Triomphe de l'Hymen*, de Greuze, peint pour le comte d'Artois. L'artiste y a mis sa grâce séduisante et sa tendresse de sentiment. Une troupe d'amours enlève de la maison paternelle une jeune fille qui résiste bien mollement à ses ravisseurs; avec sa maîtresse la colombe favorite quitte le logis, et sur le seuil, la mère abandonnée pour l'époux sanglote et répand des larmes.

Après Greuze, nous trouvons un superbe portrait d'enfant par Mme Vigée-Lebrun, d'une couleur claire, lumineuse et vivace comme la fraîcheur du jeune âge. La veste à la matelotte, d'un rouge vif, est peinte avec une audace et une franchise de ton que nos prudents coloristes aux harmonies grises, à la palette neutre, n'oseraient pas risquer aujourd'hui.

Terminons par un chef-d'œuvre : un petit groupe en marbre de Houdon. Si l'artiste a merveilleusement exprimé dans sa statue de Voltaire la sénilité et la décrépitude vivifiées par une étincelle d'esprit, il n'excelle pas moins à rendre les grâces de l'enfance. Deux amours luttent ensemble; l'un, le front ceint d'un bandeau qui presse sa chevelure, avec une écharpe de roses en bandoulière, tâche d'écraser du pied un cœur brûlant jeté à terre; l'autre, ému de pitié, tâche d'empêcher cette action cruelle et repousse son compagnon qu'il tient enlacé de ses bras, mais le pauvre cœur est en grand péril. On pourrait voir dans ces deux enfants l'Amour et le Caprice. Ce qu'il y a de certain, c'est que jamais le marbre n'a été attendri par un ciseau plus souple, plus caressant et plus gracieux; il y a sur cette dure matière comme une fleur de vie, comme un velouté de pastel.

Théophile GAUTIER.

COLLECTION

DE

M. LE COMTE D'ESPAGNAC

Nous présentons au public une série de tableaux, dépendant de la collection bien connue de M. le comte d'Espagnac.

Ces tableaux ont été choisis avec attention, et nous avons été heureux, dans cette circonstance, de profiter des avis éclairés de plusieurs amateurs distingués, parmi lesquels nous remercions particulièrement MM. Th. Gautier et Otto Mündler.

Nous avons la confiance que cette collection ainsi formée est digne en tous points de fixer l'attention des connaisseurs et de mériter les sympathies du public et des artistes.

HARO.

TABLEAUX

ANGUSCIOLA

(SOPHONISBE, élève de *Bernardino Campi*)

Née en 1530, morte en 1620.

1 — Portrait de l'artiste. Elle est assise devant son clavecin.

Cette célèbre Crémonaise fut appelée à la cour d'Espagne par Philippe II, et y reçut le titre de peintre de la cour.

Étant retournée à Gênes pour s'y fixer, son salon devint le rendez-vous des artistes célèbres. Van Dyck le fréquentait et n'hésitait pas à dire que nulle part il n'avait tant appris que dans la conversation d'Angusciola, qui à cette époque était presque nonagénaire.

Toile. Haut., 99 cent.; larg., 69 cent.

ALBANI

(FRANCESCO)

Né en 1578, mort en 1668. — École bolonaise.

2 — Narcisse se mirant, épris de son image.

Tableau capital du maître.

Toile. Haut., 165 cent.; larg., 120 cent.

CALIARI

(PAOLO VÉRONÈSE)

Né en 1530, mort en 1588. — École vénitienne.

3 — Vénus irritée contre l'Amour.

Chef-d'œuvre de premier ordre ; l'art ne peut être porté plus loin.

Ce tableau a figuré à l'Exposition rétrospective de 1866, où il a obtenu un succès général parmi les artistes et les amateurs.

Haut., 97 cent.; larg., 71 cent.

CALIARI

(PAOLO VERONESE)

4 — Portrait d'homme.

Haut., 58 cent.; larg., 8 ent.

CHARDIN

(JEAN-BAPTISTE)

Né en 1699, mort en 1779.

5 — Portrait du paysagiste Lantara.

Chardin et Lantara étaient liés d'amitié. La figure
joviale du paysagiste, non moins que son faible pour
le vin clairet, devaient tenter le pinceau plein de naturel de Chardin.

Il a donc fait un très-beau portrait, et nous lui de-
vons de nous avoir conservé la ressemblance du
peintre charmant des vaporeuses matinées et soirées
d'automne.

Toile. Haut., 134 cent.; larg., 96 cent.

CORREGGIO

(ANTONIO ALLEGRI)

Né en 1494, mort en 1534. — École de Parme.

**6 — Les charmes et les satiétés de l'Amour
sont ici personnifiés par deux enfants.**

La jeune fille tenant des roses, et le jeune garçon
agitant des pavots.

Toile. Haut., 82 cent.; larg., 62 cent.

CHAMPAIGNE

(PHILIPPE DE)

Né en 1602, mort en 1674. — École allemande.

7 — Portrait en pied du cardinal de Richelieu.

Il ne diffère de celui du Louvre, auquel il est bien
supérieur, que par sa dimension plus grande et par
une vue du parc de Ruel.

Il provient de la collection de l'intelligent expert

Henri. Félibien signala ce magnifique portrait comme celui que préférait le grand cardinal.

Il est d'une conservation parfaite, et suffirait pour constater combien Champaigne excellait dans le portrait.

Haut., 206 cent.; larg., 178 cent.

CARLO DOLCI

Né en 1617, mort en 1686. — École florentine.

8 — Le saint Michel.

Ce sujet, traité merveilleusement par Raffaello, par Guido et par d'autres grands artistes, a pris, sous le pinceau de Carlo Dolci, un aspect aussi original que gracieux. Ce tableau fut trouvé par le possesseur actuel dans un vieux château des montagnes du Modenais.

Haut., 75 cent.; larg., 49 cent.

CESARE DA SESTO & BERNAZZANO

Commencement du xvi⁰ siècle. — École milanaise.

9 — Castor et Pollux.

Ce tableau, d'un style léonardesque remarquable, doit être attribué à la collaboration des deux artistes susnommés. Cesare excellait dans l'imitation du maître, et Bernazzano associait son pinceau au sien pour enrichir ses compositions de paysages, de fleurs et d'oiseaux.

Bois. Haut., 88 cent.; larg., 58 cent.

DAVID

(JACQUES-LOUIS)

Né en 1748, mort en 1825.

10 — Le premier Consul déchirant le traité d'Amiens, en présence de lord Witworth.

Cette esquisse, si énergique et si fière, a été très-soignée par l'artiste.

Haut., 29 cent.; larg., 27 cent.

DYCK

(ANTOINE VAN)

Né en 1599, mort en 1641. — École flamande.

11 — Saint Martin distribuant son manteau aux pauvres.

Cette magnifique esquisse du tableau de l'église de

Saventhem, entre Bruxelles et Louvain, se rattache à une aventure romanesque de l'artiste. Il quittait l'école de Rubens monté sur un cheval blanc, présent de son maître, et dont il a fait le cheval de saint Martin. Épris, en passant par Saventhem, d'une jeune fille qui lui fit oublier son voyage, on lui proposa de faire un tableau pour l'église ; il choisit le sujet de saint Martin.

Haut., 85 cent.; larg., 71 cent.

ELSHEIMER

(ADAM)

Né en 1574, mort en 1620. — École allemande.

12 — L'Adoration des bergers.

Ce peintre excellait dans les effets de nuit. Dans ce tableau, très-terminé, il s'est inspiré de la fameuse nuit de Coreggio.

Sa prédilection pour les grandes écoles d'Italie et pour la nature de ce beau pays l'a retenu à Rome, où il est mort.

Cuivre. Haut., 38 cent.; larg., 29 cent.

FRANCIA

(FRANCESCO RAIBOLINI)

Mort en 1517. — École bolonaise.

13 — La Vierge et l'Enfant Jésus.

Sur le revers du panneau de ce beau tableau se lit l'inscription suivante :

« Di mano del Francia fu comprato dal sig. Car. Mario Sampieri, per zecchini 5oo, l'année 1525. »

L'ancien sequin de Venise, qui correspond actuellement à une valeur de 12 fr. environ, en avait relativement une bien supérieure il y a plus de trois siècles.

La famille Zampieri, l'une des plus anciennes de Bologne, n'est pas encore éteinte.

Bois. Haut., 58 cent.; larg., 43 cent.

FRANCIABIGIO

(MARC-ANTONIO)

Né en 1483, mort en 1524. — École florentine.

14 — Mariage de la sainte Vierge.

Cette esquisse est celle de la célèbre fresque du

couvent de l'Annonciation à Florence, où l'artiste travaillait en concurrence d'Andrea del Sarto.

C'est précisément cette fresque que, dans un mouvement de colère, Franciabigio mutila lui-même, parce que les moines, impatients de la découvrir, avaient fait enlever l'échafaudage sans en prévenir le peintre.

Toile. Haut., 58 cent.; larg., 73 cent.

GIORGIONE

(GIORGIO BARBARELLI)

Né en 1477, mort en 1511. — École vénitienne.

15 — Ex voto : un donateur et sa fille implorant la Sainte Famille.

La naïve foi des deux personnages, l'expression noble et profonde de la sainte Vierge, la désinvolture majestueuse de l'Enfant Jésus, et la rareté exceptionnelle des ouvrages du Giorgione ainsi que sa conservation, placent ce tableau au premier rang parmi les œuvres d'un prix inestimable.

Bois. Haut., 42 cent.; larg., 56 cent.

GREUZE

(JEAN-BAPTISTE)

Né en 1726, mort en 1805.

16 — Le Triomphe de l'hymen.

Une jeune fille est enlevée à sa mère par les amours, dont l'un porte les guirlandes et la couronne de l'hymen. Une colombe s'enfuit de la maison délaissée, sur le seuil de laquelle reste la mère éplorée, tandis qu'un chien sert de guide aux ravisseurs.

Ce délicieux tableau fut composé autrefois pour le comte d'Artois.

Parmi les œuvres de Greuze, il serait difficile d'en citer une autre plus séduisante et plus parfaite.

Toile. Haut., 64 cent.; larg., 80 cent.

GREUZE

(JEAN-BAPTISTE)

17 — Un premier chagrin.

Par son sentiment et par le charme de l'exécution,

cette ravissante composition offre de nombreuses ana-
logies avec le tableau précédent.

Toile. Haut., 54 cent.; larg., 66 cent.

HALS

(FRANS)

Né en 1584, mort en 1666.

**18 — Portrait en pied d'Henriette d'Angleterre,
enfant, jouant avec un kings-charles.**

Signé *F. Hals*.

Haut., 88 cent.; larg., 70 cent.

HOLBEIN ?

(HANS)

Né à Bâle en 1495, mort à Londres en 1543. — École allemande.

19 — Portrait presque en pied d'Erasme.

On sait quelle amitié liait le savant et l'artiste. Ce
fut d'ailleurs à la recommandation d'Erasme qu'Holbein devint le peintre préféré d'Henri VIII.

Ce portrait de l'homme qui, pour conserver son in-
dépendance, refusa les faveurs des plus puissants mo-

narques, tels que François Ier, Charles-Quint, Léon X,
est certainement un des plus précieux qu'on possède
de lui.

C'est aussi l'apothéose d'Erasme.

Bois. Haut., 115 cent.; larg., 80 cent.

LOOTEN

(JEAN)

Mort en 1680. — Ecole hollandaise.

20 — Une clairière de forêt, avec figures et animaux.

Beau paysage boisé, avec lointains ; chefs-d'œuvre
de cet émule de Hobbema.

A appartenu au duc de Berry.

Toile. Haut., 106 cent.; larg., 132 cent.

LESUEUR

(EUSTACHE)

Né en 1617, mort en 1655.

21 — Saint Bruno en prière.

Il prie avec onction, pendant que la caravane de

ses moines s'achemine à travers monts pour aller fonder la Grande-Chartreuse.

Toute l'âme candide et pieuse de Lesueur a passé
dans ce tableau.

Haut., 82 cent.; larg., 64 cent.

MAZZOLINI

(LUDOVICO)

Mort vers 1530. — École ferraraise.

22 — La Femme adultère.

Les tableaux de ce maître sont très-rares et d'une
finesse qui n'ôte rien à leur énergie.

Bois. Haut., 46 cent.; larg., 41 cent.

MURILLO

(ESTEBAN)

Né en 1618, mort en 1682. — École de Séville.

23 — Saint Thomas de Villa Nueva distribuant des aumônes.

Admirable réduction du célèbre tableau de Séville.

Toile. Haut., 44 cent.; larg., 31 cent.

MURILLO

(ESTEBAN)

**24 — Jésus adolescent prie auprès des instru-
ments de la Passion.**

Toile. Haut., 90 cent.; larg., 70 cent.

MAZZUOLA

(FRANCESCO PARMIGIANINO)

Né en 1503, mort en 1540. — École de Parme.

**25 — La Visite de la Vierge et de l'Enfant Jésus
à sainte Élisabeth.**

Remarquable esquisse peinte en grisaille.

Toile. Haut., 41 cent.; larg., 20 cent.

NEER

(AART VAN DER)

Né en 1619, mort en 1683. — École hollandaise.

**26 — Un grand paysage. Effet de nuit avec clair
de lune.**

Les petits tableaux de cet artiste sont aussi piquants
d'effets que recherchés.

Ses grands tableaux, beaucoup plus rares, manifestent d'une manière plus frappante son profond savoir.

Remarquons ces eaux presque marécageuses, sillonnées par des oiseaux aquatiques au plumage blanc ; ces grands arbres que pénètre à peine la clarté de la lune : tout respire la mélancolie de la nuit.

M. Bürger, dont les études spéciales sur les Hollandais sont si consciencieuses et si remarquables, considère ce tableau comme étant l'œuvre la plus importante du maître.

Haut., 130 cent.; larg., 170 cent.

NEER

(EGLON VAN DER)

Né en 1643, mort en 1703. — École hollandaise.

27 — La Leçon de musique.

Bois. Haut., 40 cent.; larg., 31 cent.

PRUDHON

(PIERRE-PAUL)

Né en 1768, mort en 1823.

28 — La Famille malheureuse.

Le tableau, qui appartenait à S. A. R. la duchesse

de Berry, avait fait partie de l'Exposition de 1822, qui ne précéda que d'un an la mort de Prudhon. Ce tableau, plus petit que le précédent, a été la première pensée, le premier jet de cette touchante composition.

Ainsi, une petite variante qui frappe au premier aspect, c'est qu'on ne trouve plus dans le tableau de 1822 la gravure du Christ et la branche de buis à demi clouées sur le mur délabré de cette mansarde; omission sans doute à regretter.

Ce tableau est aussi d'un coloris plus vigoureux, plus sévère que celui de 1822, peut-être parce que l'artiste y aura plus librement monté le diapason de sa pensée.

Haut., 62 cent.; larg., 49 cent.

PRUDHON

(PIERRE-PAUL)

29 — **Esquisse pour le tableau de la vengeance divine.**

Haut., 32 cent.; larg., 41 cent.

PIETRO DELLA VECCHIA

30 — **Le Bourreau, qui a décapité saint Jean par ordre d'Hérode, présente la tête de sa victime à Salomé.**

Le caractère énergique de l'artiste se manifeste dans ce tableau.

Toile. Haut., 72 cent.; larg., 115 cent.

PRIMATICCIO
(FRANCESCO)

Né en 1504, mort en 1570. — École de Bologne.

31 — Portrait en pied de Diane de Poitiers.

C'est la belle duchesse dont Disourant, le seigneur de Bourdeille, disait : « J'ai vu madame la duchesse de Valentinois, en l'âge de 70 ans, aussi belle de face, aussi fraîche et aussi aimable comme en l'âge de 30 ans ; aussi fut-elle fort aimée et servie d'un des grands rois et valeureux du monde. »

Diane, assise dans le vestibule du château d'Anet, est représentée en déesse de Flore, entourée d'Amours ou de Génies qui lui offrent des fleurs.

Ce tableau, dans lequel Primatrice a répandu toutes les grâces de son génie et toutes celles qu'exigeait le sujet, doit avoir été peint pour Henri II.

Toile. Haut., 185 cent.; larg., 123 cent.

PONTORMO
(JACOPO CARRUCCI)

Né en 1493, mort en 1558.— École florentine.

32 — Portrait d'homme.

La fierté de l'attitude et du regard, la sévérité du costume, ce fragment d'architecture au-dessus duquel est placé un livre, ce chien à longs poils noirs et à face de lion, feraient supposer que Pontormo a voulu représenter l'illustre maître dont il fut l'aide préféré

Bois. Haut., 95 cent.; larg., 74 cent.

RUYSDAEL

(JACQUES)

Né vers 1625, mort en 1681. — École hollandaise.

33 — Un Moulin à vent dans un paysage.

Ce tableau, signé Ruysdael, a été peint dans un moment d'inspiration, sur un panneau à peine raboté.

Bois. Haut., 63 cent.; larg., 80 cent.

RUBENS

(PIERRE-PAUL)

Né en 1577, mort en 1640. — École flamande.

34 — Martyre de saint Livinius.

Étude terminée pour le tableau de la galerie de Bruxelles.

A travers cette peinture brillante et transparente,

on aperçoit les traits à la plume et au crayon du maître.

C'est une œuvre de premier ordre.

Haut., 68 cent.; larg., 53 cent.

RIBERA

(JUSEPE, dit L'ESPAGNOLET)

Né en 1588, mort en 1656.

35 — Saint Jérôme en méditation.

Cette demi-figure, de grandeur naturelle, est la plus belle alliance des styles espagnol et italien. On reconnaît la haute admiration que Ribera, comme Poussin, professait pour Zampieri, dit Domenichino.

Haut., 129 cent.; larg., 100 cent

SEBASTIANO DEL PIOMBO

Né en 1485, mort en 1547. — École vénitienne.

36 — La Femme adultère.

Les tableaux de ce grand et sublime artiste, qui est

parfois le Michel-Ange et le Leonardo da Vinci de l'école vénitienne, sont en réalité très-rares.

La perfection de celui-ci le recommande, malgré sa petite proportion.

Bois. Haut., 38 cent.; larg., 51 cent.

SACCHI
(ANDREA)

Né en 1600, mort en 1661. — École romaine.

37 — Miracle de Bolséne.

De la plus belle manière du maître.

Toile. Haut., 64 cent.; larg., 48 cent.

TIZIANO
(VECELLIO DA CADORE)

Né en 1477, mort en 1576. — École vénitienne.

38 — Portrait du doge Andrea Gritti.

La finesse, le clair-obscur, l'animation de ce chef-d'œuvre dispensent d'autres éloges.

Le doge Gritti fut un des protecteurs du Titien, rarissime !

Toile. Haut., 53 cent.; larg., 41 cent.

TIZIANO

(VECELLIO DA CADORE)

39 — **Portrait du pape Paul III.**

C'est l'un des cinq répétés par l'artiste.

Toile. Haut., 90 cent.; larg., 72 cent.

TINTORETTO

(JACOPO ROBUSTI)

Né en 1512, mort en 1594. — École vénitienne.

40 — **Baptême de Jésus par saint Jean.**

Toile. Haut., 49 cent.; larg., 47 cent.

TINTORETTO

(JACOPO ROBUSTI)

41 — **Parabole du diable semant l'ivraie pendant le sommeil des travailleurs.**

Ce magnifique tableau, avec fantastique paysage,

est un échantillon des prodiges exécutés par Tintoretto
à la Scuola di S. Rocco, à Venise.

Toile. Haut., 150 cent.; larg., 120 cent.

GÉRICAULT

(THÉODORE)

Né en 1791, mort en 1834.

**42 — Parabole du diable semant l'ivraie pen-
dant le sommeil des travailleurs.**

Cette copie d'après le tableau précédent du Tintoretto, a été faite avec passion par Géricault ; elle fut
ensuite possédée par Eug. Delacroix, qui la tenait en
grande estime.

Bois. Haut., 150 cent.; larg., 126 cent.

VIGÉE

(Madame LEBRUN)

Née en 1756, morte en 1842.

43 — Portrait du jeune comte d'E.....

C'est l'une des œuvres d'élite de l'illustre artiste.

Rarement le pinceau gracieux de madame Lebrun

s'est élevé, comme expression, comme énergie et comme exécution, à la hauteur de ce petit portrait qu'elle estimait, à bon droit, au premier rang dans son œuvre.

Toile. Haut., 64 cent.; larg., 53 cent.

VELAZQUEZ

(DON DIEGO RODRIGUEZ DE SYLVA Y)

Né en 1599, mort en 1660. — École de Madrid.

44 — Portrait de dame jouant avec un chien.

Ce tableau, acheté il y a plus de 5o ans en Italie. pourrait être celui d'une princesse de la maison d'Este.

Il y a peu de portraits de femmes à préférer à celui-ci pour la beauté de l'exécution et pour la distinction.

Toile. Haut., 100 cent.; larg., 82 cent.

MARBRES

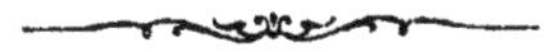

HOUDON

(D. ANTOINE)

Né en 1741, mort en 1828.

45 — Groupe de deux amours se disputant un cœur.

1793. — Dans le catalogue de la vente d'objets d'art et de curiosité faite par le citoyen Lebrun, mari de la célèbre madame Vigée-Lebrun, ce marbre fut mis en vente (sous un nom d'emprunt) par le comte d'Espagnac, ancien mestre de camp; à la page 43, et sous le nº 189, est mentionné ce groupe, qui fut retiré par son propriétaire.

Le catalogue s'exprime ainsi : « La composition ingénieuse et la perfection d'exécution de ce groupe d'Houdon, rendent ce morceau l'un des plus précieux que l'on puisse posséder en ce genre. »

HOUDON

46 — Le premier chagrin de l'innocence.

Terre cuite.

ROSALIE KRAUSS

47 — Scène du déluge.

Au concours des beaux-arts, en 1844, ce groupe obtint à Venise le prix d'honneur. A Venise, à cette époque, M. le comte d'Espagnac en fit l'acquisition, comme le constate une lettre de l'intéressante artiste qui survécut à peine à son œuvre.

TRIQUÉTI

(Baron de)

48 — La Madeleine dans sa première ferveur.

Cette composition importante fut exécutée pour M. le comte d'Espagnac.